ANTONIO ORTUÑO TERRIZA

Guía ilustrada para una convivencia familiar inteligente

Utiliza tu inteligencia emocional para poner límites educativos

ILUSTRADO POR
LUIS BENEDICTO CASTARLENAS

toromítico

Ediciones Toromítico
Padres Educadores
Edición de Óscar Córdoba

www.toromitico.com
@AlmuzaraLibros
pedidos@almuzaralibros.com - info@almuzaralibros.com

Imprime: Gráficas La Paz
ISBN: 978-84-15943-87-7
Depósito Legal: CO-895-2020
Hecho e impreso en España - *Made and printed in Spain*

*Para todas aquellas personas
que nos están conjugando
de forma inteligente el verbo
convivir, y en especial, para los
que ya no están y lo hicieron
con maestría.*

No, que mañana madrugas para ir al colegio y ya es tarde.

¿Puedo ver la televisión?

Tenéis razón, no me he dado cuenta de la hora, y necesito dormir lo suficiente para mañana estar atento en clase. Gracias por pensar en mí. Me voy a poner el pijama y a preparar la ropa de mañana.

Si te ocurre algo así, este libro no es para ti.

INTRODUCCIÓN

NUESTRO OBJETIVO ES QUE, TRAS LA LECTURA DE ESTE MANUAL, PUEDAS TENER ALGUNAS RESPUESTAS A LAS SIGUIENTES PREGUNTAS:

- ¿Cómo puedo poner límites de una manera respetuosa?

- ¿Qué tiene que ver la resolución de conflictos familiares y la toma de decisiones?

- ¿Qué conflictos son los más habituales en cada hogar? y ¿cómo puedo afrontarlos?

- ¿Qué papel cumplen las emociones en la resolución de conflictos familiares?

- ¿Qué es la inteligencia emocional? ¿Cómo puedo mejorar la de mis hijas e hijos... y la mía?

- ¿Qué necesita mi hijo para tomar decisiones (y asumir responsabilidades)?

- ¿Cómo se reparten las decisiones y las responsabilidades en casa?

- ¿Qué funciones parentales sostienen la responsabilidad y la felicidad de los hijos?

- ¿Qué dos caminos toma mi cerebro y el de mis hijas e hijos para tomar decisiones?

- ¿Qué habilidades son la clave para ejercer una parentalidad positiva?

- ¿Cómo le digo NO a mi hija o hijo para que aprenda a decir que NO?

- ¿Cómo equilibro sus deseos y sus obligaciones a diario? ¿Cómo debo negociar?

- ¿Cómo puedo confiar y respetar sus decisiones?

- En definitiva, ¿qué puedo hacer para no gritar, ni castigar, ni arrepentirme después de lo que he hecho?

Entonces...¿tú vigilas sus correos y mensajes?

Tienes que confiar en tu hija, y no violar su intimidad.

El padre y la madre de un menor son multados, porque su hijo en internet...

¡SOCORRO!

¿Alguien nos puede ayudar?

Si quieres, puedes poner aquí tu foto

¡¡PONEOS DE ACUERDO POR FAVOR, QUERIDOS PROFESIONALES!!

En 2006, los diferentes gobiernos europeos se juntaron y empezaron a hablar de parentalidad positiva. ¡Por fin!

¿No creéis que estamos volviendo locas a las familias con tanta información contradictoria? Deberíamos llevar a cabo políticas que ayuden a las familias a educar de forma positiva, fomentando la responsabilidad y la felicidad de las niñas y niños.

...porque es importante poner límites con buenas prácticas educativas, sin gritar, ni castigar...

¿Lo intentamos?

A las 2 horas...

¿Pero has visto cómo tiene la habitación?

Tranqui...voy yo.

Cariño, nos gustaría que recogieras tu habitación tan pronto como sea posible.

Vale, vale, ya voy.

Bueno, no es tan complicado esto de la parentalidad positiva.

Pues sigue sin estar recogida la habitación. ¿Voy yo?

No, espera que vuelvo.

Te he dicho que recojas, y no me quiero enfadar. Venga, que tenemos que preparar la cena.

NO MOLESTAR

Creo que esta vez lo ha entendido.

Pues sigue sin recoger. Anda ve tú...

Vale...

Ya has conseguido enfadar a mamá.
¿Quieres recoger de una vez?

Que síííííí, que voooyyy.

Pasados otros x minutos y x veces acudiendo a la habitación...

Si es queee...

Te has quedado sin televisión, todos los días igual, ¿no te da vergüenza? Parece que lo haces a posta. ¿Quieres recoger ya?

Poner límites, ser amables, educación positiva, fomentar su responsabilidad...

Sí, sí.. todo muy bonito....
pero....
¿CÓMO?

 ¿INTELIGENCIA EMOCIONAL?

 ¿FOMENTAR LA RESPONSABILIDAD?

 ¿PONER LÍMITES CON RESPETO?

 ¿RESOLVER LOS CONFLICTOS DE CASA DE FORMA POSITIVA?

 ¿Y ENCIMA, SIN REGAÑAR NI CASTIGAR?

LA TOMA D
DECISIONE
EN CASA

¿QUÉ NECESITA UNA PERSONA PARA TOMAR DECISIONES?

1- TENGO UN PROBLEMA

2- ALTERNATIVAS

3- CONSECUENCIAS

¿CÓMO SE REPARTEN LAS DECISIONES EN CASA?

Decisiones adultas
DECIR NO

Decisiones compartidas
NEGOCIACIÓN

Decisiones hijas/os
CONFIANZA Y RESPETO

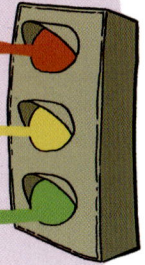

¿QUÉ FUNCIONES PARENTALES SOSTIENEN LA TOMA DE DECISIONES?

Control respetuoso

Amor incondicional

¿QUÉ DOS CAMINOS TIENE EL CEREBRO PARA TOMAR DECISIONES?

Las emociones
(Liebre)

Las funciones ejecutivas
(Tortuga)

LOS CONFLICTOS COTIDIANOS FAMILIARES

alimentación

higiene

horarios

tareas domésticas

uso de la tecnología

estudios

Lo primero, sentaos a tomar un café, y apuntad todas las situaciones que son problemas cotidianos. Todas las familias tienen. Concretad los de tu casa. Todo cuenta, todo suma.

EL ESPACIO DE PERTENENCIAS

TAREAS DOMÉSTICAS

Mira, cariño, esto se llama lavavajillas y sirve para lavar platos. El problema que tiene es que, cuando acaba, no sabe colocar cada cosa en su sitio.
Si por casualidad ves esa luz roja, y te apetece, ya sabes...

HORARIOS

y la he tenido que acompañar...

Y entonces una amiga se ha puesto mala...

y no había nadie en su casa...

entonces una vecina nos ha ofrecido entrar en su casa...

Y me lo tendré que creer...

pero se le ha quemado la cena...

y cuando entraban los bomberos...

IMAGEN

ALIMENTACIÓN

Y entonces el avión se acerca a una gruta y ...

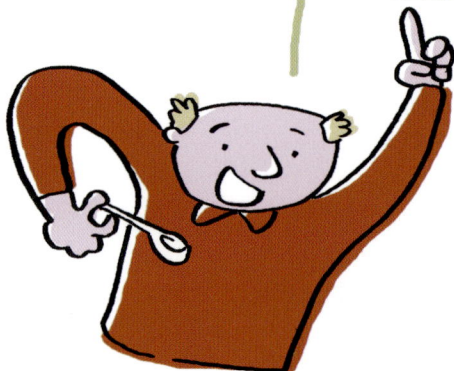

Papá...¿quieres dejar de hacer el idiota?

HIGIENE

SALIR FUERA DE CASA

Antes de salir...

Al llegar a casa...

ESTUDIOS, TAREAS ESCOLARES

ECONOMÍA

Esta tarde vienen los abuelos a casa.
Espero que no les pidas otra vez dinero
¿Me lo prometes?

Claaaaaaroo.

Abuelos, yo no os quería pedir dinero.
Pero como mis padres me lo dicen tantas veces
y les preocupa tanto que os pida dinero...

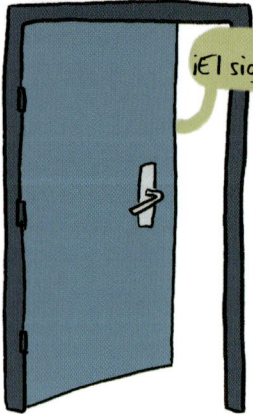

ÁREAS DE CONFLICTO	DECISIONES (ejemplos)
Tareas domésticas	Poner y quitar la mesa Recoger la casa
Imagen	Cortarse el pelo Formas de vestir
Horarios	Hora de acostarse Hora de entrar y salir
Estudios	Tareas escolares Manejo de su material escolar
Espacio de pertenencias	Hacer la cama Recoger la habitación
Hábitos de salud	Lavarse los dientes Comer entre horas
Uso de la tecnología	Uso del teléfono móvil Uso de internet
Economía	Compras Manejo del dinero
Relaciones exteriores	Salidas fuera de casa Amistades
Creencias, ideología	Formas de ver el mundo

Algunas familias, al verse desbordadas, tienen el valor (y la inteligencia) de acudir a algún profesional de la psicología (hay mucho para elegir).

No entiendo a mi hijo y espero que usted como psicólogo nos diga qué hacer. Todos los días hay que estar encima para que se lave los dientes, y cada vez que le apago la televisión se pone como la niña del exorcista. No le veo feliz y le cuesta mucho asumir responsabilidades. ¿Por qué hace eso?

Casi todos los motivos por los que una familia acude a la consulta se resumen, en cómo se gestionan las decenas de decisiones que se toman a diario en el hogar. Hoy, empezaremos a encontrar respuestas.

La realidad de cualquier casa se puede resumir en estas cuatro situaciones. La diferencia entre un hogar y otro, está en el reparto de las dimensiones de cada uno de los siguientes espacios.

DECISIONES INFANTOJUVENILES

DECISIONES ADULTAS

LA TOMA DE DECISIONES

Responsabilidad, felicidad, poner límites, resolución de conflictos en casa, familias inteligentes...
¿Cuál es el nexo de todo esto?

¡¡LA TOMA DE DECISIONES!!

TOMANDO DECISIONES:

- SE FOMENTA LA RESPONSABILIDAD (= HABILIDAD DE RESPONDER).
- SE RESUELVEN LOS CONFLICTOS (DE FORMA POSITIVA).
- SE ADAPTAN LAS PERSONAS A LOS RETOS DEL AMBIENTE (INTELIGENCIA).
- SE VA CONSTRUYENDO LA FELICIDAD.
- SE REPARTE EL PROTAGONISMO EN CASA.
- SE FORTALECE LA AUTONOMÍA, AUTOESTIMA, AUTOCONTROL...

Trabajemos las decisiones

1— ¿Qué necesita una persona para tomar decisiones?

2— ¿Cómo se reparten las decisiones en casa?

3— ¿Qué funciones parentales sostienen la toma de decisiones?

4— ¿Qué dos caminos tenemos para tomar decisiones?

RESPUESTAS:

4- La liebre y la tortuga
3- El amor incondicional y el control respetuoso
2- El semáforo inteligente
1- Locus de control, alternativas y consecuencias

1– ¿QUÉ NECESITA UNA PERSONA PARA TOMAR DECISIONES?

Pues tres cosas:

1. Percepción del problema.
2. Alternativas.
3. Consecuencias.

TENGO UN
PROBLEMA

ALTERNATIVAS

CONSECUENCIAS

Voy al cine con Roberto.

¿Qué pasa si quedo
con Roberto?

No sé que hacer
por la tarde.

Quedo con mis amigas.

¿Qué creo que va a pasar
si quedo con mis amigas?

¿Con quién me lo pasaré
mejor?

Piensa cuántas veces has tenido que tomar decisiones. Dependiendo de lo difusos o concretos que estuvieran estos elementos, te costó más o menos tomar las decisiones.

¿Qué necesita una hija para tomar decisiones?

Pues lo mismo...

TENGO UN PROBLEMA

ALTERNATIVAS

CONSECUENCIAS

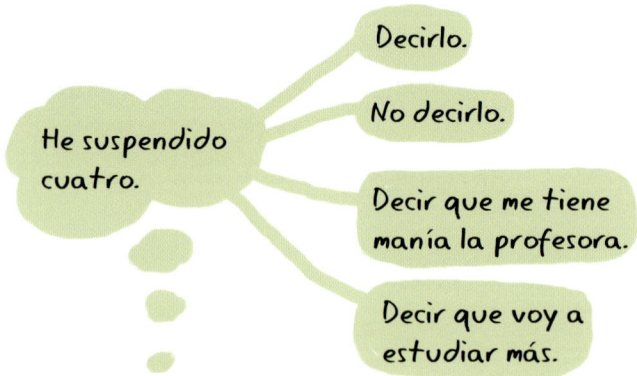

He suspendido cuatro.

Decirlo.

No decirlo.

Decir que me tiene manía la profesora.

Decir que voy a estudiar más.

¿Mis padres me apoyarán?

¿Mis padres me regañarán?

Percepción de control (Locus control)

Es un término que se usa en psicología y que se refiere a la interpretación que hace una persona sobre las causas de lo que pasa en su vida.

Si lo que pasa en su vida depende de ella, puede tomar decisiones. Si depende de otras personas se dificulta la toma de decisiones.

Esto que parece tan sencillo, pues a veces las madres y padres se complican porque...

Porque tienen un problema pero no actúan.

Porque no tienen un problema y actúan.

Para tomar decisiones, lo primero es percibir que tengo un problema (locus control), y lo segundo, alternativas.

¿Qué quieres tomar?

Un gin-tonic.

REPETIMOS...

¿Qué quieres tomar un refresco o un zumo?

Un gin-tonic.

Vale, te lo vuelvo a preguntar. ¿Quieres refresco o zumo?

Alternativas: si hay opciones, se puede decidir, así se ayuda a sentirse participativos, responsables, protagonistas, más creativos. Si se obliga a hacer algo, si no hay opciones, si no se respeta la posibilidad de elegir, no hay maduración ni crecimiento.

Y en tercer lugar, las consecuencias. Si vas a comprar, y dejas el carro en su sitio, consecuencia: recuperas la moneda. Y si dejas el carro en otro lado, la moneda la pierdes.

Eso es claro y previsible. Así es fácil tomar decisiones. Ahora, si no conoces las consecuencias...

Disculpe, pero no ha dejado el carro de la compra en el lugar adecuado, mi deber es decomisar su compra. Aunque, claro está si quiere recuperarla deberá escribir cien veces en la pizarra del garaje:
SIEMPRE DEJARÉ EL CARRO DE LA COMPRA EN SU SITIO.

¡A que fastidia! Así aprenderá a no castigarme.

Para que una niña o niño asuma responsabilidades y madure, hay que ir ofreciéndole oportunidades de forma progresiva para que tome decisiones.

Pero les puede costar:

Si PERCIBE QUE EL MUNDO ADULTO ESTÁ PREOCUPADO EN EXCESO

Si EL CONTROL DE LA SITUACIÓN LO TIENEN LOS ADULTOS

Si SÓLO SE QUIERE QUE HAGA CASO Y NO SE LE TIENE EN CUENTA

Si NO SE LE DEJA ELEGIR LAS ALTERNATIVAS CON CONFIANZA

Si SE LE APLICAN CONSECUENCIAS SIN PREVIO AVISO

Si NO TIENE CLARAS LAS CONSECUENCIAS DE SU COMPORTAMIENTO

Si NO SE CREE QUE LOS ADULTOS VAN A SER COHERENTES

Si...

2– ¿CÓMO SE REPARTEN LAS DECISIONES EN CASA?

La responsabilidad se construye a base de tomar decisiones. Educar en la responsabilidad, entonces, requiere el reparto del control, diseño de alternativas y aplicación de consecuencias. Mira estas imágenes:

1

2

3

¿QUIÉN TIENE EL CONTROL DE LA SITUACIÓN?

RESPUESTAS:

Imagen 1: Control adulto
Imagen 2: Control compartido
Imagen 3: Autocontrol

54

El control se reparte. Hay aspectos que toca decidir a las personas adultas, otros a las hijas e hijos junto a las personas adultas, y por supuesto, otra parte corresponde a las niñas y niños tomar decisiones por si mismos. En una familia siempre hay tres zonas de control, que las personas cuidadoras han de tener en cuenta para distribuir las responsabilidades.

Zona 1

Papá, dame 20 euros que me voy con mis amigos y no sé a qué hora volveré.

No, no sales.

Porque tienes 7 años.

¿Por qué?

Zona 2

Papá, dame la paga.

Ahora te la doy, y recuerda lo que pactamos respecto a la hora de volver.

Zona 3

Papá, que me voy a dar una vuelta con los colegas.

Vale, pásalo bien.

Esto es poner límites.

Para poner límites de una forma respetuosa, te presento la siguiente herramienta educativa:

EL SEMÁFORO INTELIGENTE

Las tres zonas antes descritas pueden simbolizarse como si fueran los tres colores de un semáforo. Es un semáforo inteligente, ya que ayuda a las personas a decidir quién tiene que asumir la responsabilidad.

Zona 1, semáforo rojo: Son los campos de decisión donde el control de la situación lo posee la persona adulta. El hijo no puede tomar decisiones, ya que puede peligrar su bienestar. La persona adulta debe asumir la responsabilidad para proteger al menor.

Zona 2, semáforo amarillo: El control de la situación se puede y se debe compartir. La hija puede ser protagonista, ya tiene recursos para participar y decidir, ya puede asumir responsabilidades, pero todavía necesita supervisión adulta.

Zona 3, semáforo verde: el control de la situación y la responsabilidad es del menor. Ya tiene recursos más que suficientes para asumir las consecuencias de sus decisiones.

Por un lado, tenemos los conflictos familiares habituales en cada hogar, y por otro, un semáforo que reparte el protagonismo para asumir la responsabilidad. La persona adulta debe pensarse bien el color del semáforo, para elegir el camino más idóneo para la resolución positiva del conflicto.

ANTE UN CONFLICTO, LA PERSONA CUIDADORA DECIDE QUIÉN LO RESUELVE, CON LA IDEA DE QUE LA LUZ ROJA PASE A AMARILLA, Y LA AMARILLA A VERDE, CUANDO SEA POSIBLE. ADAPTÁNDOSE AL RITMO EVOLUTIVO DE CADA HIJA E HIJO.

EDUCAR, ES IR CEDIENDO DE FORMA PROGRESIVA, PODER Y PROTAGONISMO PARA RESOLVER LOS CONFLICTOS COTIDIANOS DE LA VIDA DIARIA.

Ejemplo 1:

Abuela, como he terminado la carrera de económicas, ¿qué te parece que a partir de ahora me pases el número de tu cuenta y yo gestiono tu patrimonio?

¿Qué color de semáforo elegirías?
1. COLOR ROJO.
2. COLOR AMARILLO.
3. COLOR VERDE.

Ejemplo 2:

Mamá, ¿me acercas al entrenamiento en coche?

¡Ah vale!, que recoja la habitación antes. ¿no?

¿Qué color del semáforo ha elegido esta madre?
1. COLOR ROJO.
2. COLOR AMARILLO.
3. COLOR VERDE.

Ejemplo 3:

¿Qué color del semáforo elegirías?
(Te doy una pista)...
1. COLOR ROJO.
2. COLOR AMARILLO.
3. **COLOR VERDE.**

DECIR NO

NEGOCIAR

TRASPASO DE RESPONSABILIDADES

PUES AQUÍ ESTÁN LAS HABILIDADES
PARENTALES POR EXCELENCIA.
CADA COLOR, UNA HABILIDAD.

HABILIDAD PARENTAL	LOCUS DE CONTROL	ALTERNATIVAS	CONSECUENCIAS
DECIR NO	Adulto	Adulto	Adulto
NEGOCIACIÓN	Hijas/adulto	Hijas/os	Adulto
TRASPASO DE RESPONSABI-LIDADES	Hijas/os	Hijas/os	Hijas/os

Y para elegir la habilidad parental a utilizar, hay que tener en cuenta la conexión del semáforo con los elementos necesarios para tomar decisiones y poder responsabilizarse. Por eso es un semáforo inteligente.

Decir NO, negociar y traspasar las responsabilidades son tres habilidades a desarrollar por las personas cuidadoras para fomentar la responsabilidad y la felicidad de las hijas e hijos.

A veces hay que DECIR NO, otras veces NEGOCIAR y otras TRASPASAR RESPONSABILIDADES con confianza y respeto. Lo inteligente es encontrar el equilibrio en cada etapa evolutiva.

Son tres habilidades que toda persona adulta pone en marcha casi todos los días. Y ya puestos, os propongo aprender a hacerlas de forma inteligente.

Por eso, hay que pensarse bien el color del semáforo...

Papá, ¿puedo bajar a la calle?

Nooooooo.

15 minutos después...

Pero, ¿porqué habré utilizado el semáforo rojo?

PERO ¿QUÉ MAS TE DA? ¡SI ES SOLO UN RATITO! ¡NO SEAS ASÍIIIIIII! ¡¡QUIERO BAJAR A LA CAAALLEEEEEEE!!

3— ¿QUÉ FUNCIONES PAREN-
TALES SOSTIENEN LA TOMA DE
DECISIONES?

Las habilidades ya presentadas, son decisiones que toma todo el mundo adulto, y estas decisiones se apoyan en dos grandes funciones parentales, que toda persona cuidadora ha de tener en cuenta si quiere ejercer buenas prácticas educativas. Son dos dimensiones:
AMOR INCONDICIONAL y CONTROL RESPETUOSO.

EL AMOR INCONDICIONAL

Es un principio universal en la crianza de las hijas e hijos para construir una parte importante del apego. Sentirse aceptado es la clave para avanzar, crecer, madurar, para sentir seguridad emocional. El menor necesita saber con absoluta certeza que las personas que cuidan de él, le quieren.

Es un mecanismo que le da seguridad de recibir afecto por encima de todas las circunstancias, potenciando y reforzando sus cualidades y ayudando a modificar o aceptar sus limitaciones. Una hija o hijo debe apreciar que el cariño, el amor que se siente por él, está en cualquier relación que mantenga con las personas que le cuidan y protegen.

Debe sostener cualquier relación que la niña o niño establezca a lo largo de su vida. Debe aceptar incondicionalmente a sus amistades, a su pareja, a su familia. Para negociar, para confiar, para respetar, para gestionar conflictos, ha de aceptar que el otro tiene también sus criterios y creencias.

AMOROSOS
COHERENTES
CONFIANZA
CARIÑOSOS
FLEXIBLES
SEGUROS
PREVISIBLES
DISPONIBLES
ESTABLES
EMPÁTICOS
EFICIENTES
CREÍBLES
CONSTANTES
RESPETUOSOS

EL CONTROL RESPETUOSO

Consiste en poner límites en la educación respetando sus ritmos evolutivos, regulando la satisfacción de sus necesidades para la construcción progresiva de su autonomía.

Es necesario para la creación de un apego seguro, ya que éste debe construirse en un entorno estructurado, donde se conozcan y compartan las reglas del juego de la convivencia.

Enseña a respetar a sus semejantes en un futuro, a valorar la libertad. Es un equilibrio entre satisfacer los propios deseos y respetar y pensar en los derechos de los demás. No se entiende la libertad si se logran todos los deseos de uno, sin contemplar las necesidades de las demás personas. Una persona se percibe libre si conoce y acepta sus límites.

PLANIFICACIÓN

CAPACITACIÓN

MOTIVACIÓN

QUERER CRECER

VALIDACIÓN

ANTICIPACIÓN

SEGURIDAD

AUTOCONTROL

PARTICIPACIÓN

MARCARSE METAS Y OBJETIVOS

ORGANIZACIÓN

RECONOCIMIENTO

RESPONSABILIDAD

Las dos funciones de las personas cuidadoras, el amor incondicional y el control respetuoso, se pueden representar como si fueran los dos pilares de un puente, donde el equilibrio de ambas funciones es lo inteligente. Tanta dosis de control como de amor incondicional. Cuando se dice NO, hay que atender a las emociones. Lo mismo que cuando se negocia o traspasan responsabilidades.

¿Cómo es tu puente de equilibrado?

71

A ver si me ha quedado claro...
Para cumplir estas funciones, tengo que ser amable con sus emociones, pero firme y coherente con el control ¿no? Vale, ¿y cómo se hace eso?

¡Eso es! ¿Te acuerdas del semáforo inteligente? Pues aquí te van algunos ejemplos para que relaciones las funciones con las habilidades parentales. Como verás, se pueden dar cuatro situaciones, dependiendo de qué función se cumpla o no.

¡OJO, MAMÁ! No contestes hasta pensarlo. Tienes tres opciones, los colores del semáforo. No hay una respuesta correcta, si lo haces sin perder de vista el equilibrio de los pilares. Es decir:

1. Con tranquilidad y amabilidad.
2. Con coherencia y firmeza.

Así, cada habilidad parental, se puede resumir en cuatro situaciones. En este caso si eliges **el semáforo rojo, y dices NO.**

Ya te dije que mi teléfono por la noche no, solo un ratito al mediodía cariño.

¡¡Que no te lo dejo, que te he dicho cien mil veces que por la noche no, leches!!

Y qué más te da, ¿Por qué no me lo dejas?

Que te he dicho que no, cielo.

Bueno...pero sólo un ratito cariño.

Y qué más te da, ¿Por qué no me lo dejas?

Que te he dicho que NOOOOO.

Anda... toma el teléfono, a ver si se te pudren los ojos... ¡Qué cabezón diosmío!

En este caso, eliges negociar, es decir, **el semáforo amarillo**.

Te dejo el móvil sin problemas cuando te pongas el pijama.

Pues no tienes el móvil porque no te ha dado la gana ponerte el pijama. Así aprendes para la próxima.

Que te prometo que luego me lo pongo...

¿Seguro? Bueno, toma mi móvil, pero me lo das en diez minutos.

Y qué más te da... ¿Por qué no me lo dejas?

Toma el teléfono y como no te pongas el pijama ¡no coges más mi móvil en diez años!

Y si eliges **el semáforo verde**, podrían pasar estas cuatro situaciones.

Si cariño, toma mi teléfono sin problemas.
¡Disfruta!

Te lo dejo porque te lo he prometido, ¡que si no!

Vale, tómalo, pero no te metas en youtube ni envíes fotos a ningún lado.
¿Me lo prometes?

Tómalo, pero no te creas que me fío mucho de ti.
¡A ver dónde te metes, que luego te veo!

¡Sin olvidarnos de las emociones! Detrás de cada habilidad, de cada toma de decisión en el hogar, de cada color del semáforo, hay emociones que atender.

4- ¿QUÉ DOS CAMINOS TENEMOS PARA TOMAR DECISIONES?

Os presento a dos personajes que van a aparecer a lo largo del texto y que os van a ayudar a entender mejor, lo que se hace y se siente como madre y padre.

LA LIEBRE es más veloz, impulsiva y complicada. Aunque popularmente se dice que se toman algunas decisiones con el corazón, la liebre vive en el sistema límbico. La liebre representa lo emocional. Se encarga de avisar al cerebro de los peligros, de las amenazas. Son respuestas que surgen ante lo importante y urgente. Es todo instinto de supervivencia. La especie humana está en este planeta gracias a la liebre, es la alarma interna que tiene el cerebro para preparar al organismo ante un potencial peligro.

También gracias a la liebre, se reconoce la alegría, la sorpresa, el miedo, la ira, el asco o la tristeza. La liebre hace que las personas tengan ilusiones, sueñen, sepan para qué viven, deseen estar en este planeta y ser felices. La exploración, la motivación, la relación social, la protección, se gestionan a través de la liebre.

Esto también es inteligencia.

Hola, soy la profesora de su hija, quería informarle que tenía que haber llegado al colegio a las 10:00 son las 11:00 y no sabemos nada de ella...

LA TORTUGA es lenta y minuciosa. No le gustan las prisas, su cueva está en el lóbulo frontal del cerebro. La tortuga necesita su tiempo para tomar decisiones, le gusta organizar, pronosticar, valorar, razonar, pensar. Quiere concretar la situación, problema, indagar y analizar, generar alternativas, seleccionar la que cree más deseable, planificarla y llevarla a cabo, y valorar todo el proceso con tranquilidad.

La tortuga es lo racional. Tiene como misión hacer predicciones, reducir la incertidumbre de alrededor, hacer que el cerebro se centre en su tarea, anticipar las consecuencias de un comportamiento.

En resumen, es la encargada de planear las acciones con antelación y tomar decisiones de una manera organizada y eficiente.

Las buenas prácticas educativas deben tener como objeto que la tortuga madure coordinándose con su liebre. La liebre y la tortuga, a pesar de estar separadas dentro del cerebro, no pueden vivir la una sin la otra. Están continuamente comunicándose, para lograr objetivos, planificar y llevar a cabo acciones, organizarse, disfrutar y adaptarse a los cambios. Se necesitan mutuamente.

La tortuga actúa, la liebre reacciona. Ser inteligente es pasar de la reacción a la acción. Por eso la tortuga tiene que liderar, pero sin la liebre, la tortuga no sabe decidir. Puede pasar horas y horas bloqueada, dándole vueltas a las cosas, sin llegar a posicionarse. La liebre es la que propone, la que impulsa a la tortuga a tomar decisiones para cumplir sus deseos e ilusiones. En general, es inteligente desconfiar de cualquier proyecto de vida que no parta de una emoción. La emoción forma parte de todas nuestras decisiones.

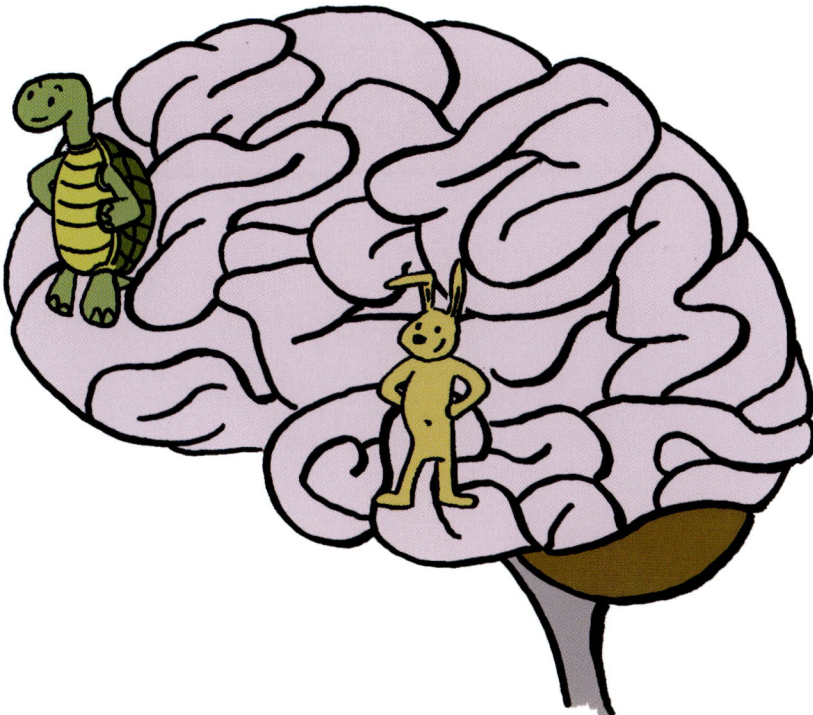

¿Y aquí?

LA INTELIGENCIA EMOCIONAL CONSISTE EN QUE CADA PERSONAJE, LA TORTUGA Y LA LIEBRE, SALGA A ESCENA EN EL CEREBRO CUANDO SEA NECESARIO, EL TIEMPO QUE HAGA FALTA Y CON LA INTENSIDAD ADECUADA.

SIEMPRE, SIEMPRE, se activará la liebre. Si luego la tortuga actúa, te tomas un té y piensas en el semáforo inteligente. Si la tortuga no actúa y la liebre ve campo libre...

LIEBRE

TORTUGA

Como ves, las emociones siempre van a decir la primera palabra. Aparece la liebre.

Entonces el SEMÁFORO INTELIGENTE me sirve para:

Equilibrar las dos funciones parentales.
Distribuir las tres habilidades parentales.
Fijarme más en las emociones.

Sí, pero RECUERDA:
Usa un lenguaje correcto.
Haz equipo.
Sé un buen modelo para tu hija o hijo.

UN LENGUAJE CORRECTO Y ADAPTADO A CADA ETAPA EVOLUTIVA

COORDINACIÓN: HACER EQUIPO

Es bueno revisar el semáforo de papá y de mamá... y coordinarlo.

Les habla el comandante Rodríguez. Iniciamos un vuelo con buena temperatura, apenas tendremos incidencias y llegaremos a la hora prevista.

Pasados 5 minutos...

Les habla la copilota Sánchez. Lo que ha dicho el comandante Rodríguez no es cierto. Atravesaremos una zona tormentosa con gran inestabilidad atmosférica, no se desabrochen los cinturones en todo el viaje, y es probable que nos tengamos que desviar de la ruta.

No hagan caso de la copilota Sánchez...

¡Cómo me suena esto!

De cómo construyas el semáforo inteligente en casa, así irá construyendo tu hija o hijo su propio semáforo.

Es decir, de cómo le digas a tu hija o hijo que NO, aprenderá a decir NO.

¿Quieres?

No, gracias...

De cómo negocies, aprenderá a negociar...

¿Ponemos dinero para comprar cerveza?

¡Vale, pero también refrescos y algo de comida!

Y de cómo confíes y respetes sus decisiones, aprenderá a confiar y respetar las decisiones que toman los demás (y las suyas también).

Mañana voy a quedar con mis amigas. Ya nos vemos el sábado ¿vale?

OK, dale recuerdos a Silvia. ¿Te apetece ahora ir a tomar algo?

EL SEMÁFORO ROJO

NO ES NO

¿POR QUÉ ES TAN IMPORTANTE SABER DECIR NO A LAS HIJAS E HIJOS?

RAZÓN 1: Para protegerles cuando no tienen recursos ni posibilidades de afrontar una situación con responsabilidad.

Mamá, ¿me dejas tu tarjeta del banco para hacer un pedido por internet?

Pues no, cariño.

Y con 12 años me pide ya la tarjeta...

RAZÓN 3: Porque eres su mejor docente del NO.

¡Que te he dicho que no te dejo mi tarjeta del banco!
¿Estás tonto, o qué?

¡Que te he dicho que no te dejo mi pelota!
¿Estás tonto, o qué!

Decir NO, es complejo. Sólo piensa en las veces que a lo largo de tu vida has tenido que decir que NO, y al final no hiciste lo que deseabas.

Venga......que te llevo a cassssaaaaaaa.......

Cuando se dice que NO a alguien, a ese alguien le pasan varias cosas. Como madre o padre conocer lo que pasa a continuación de un NO, te ayuda a anticipar, a prevenir, y anticiparte siempre denota inteligencia.

Pongamos un ejemplo que seguro has vivido.

Ya empieza el baile. ¿Quieres una copita?

No, yo es que me voy ya...

Ah, que te vas... pues nada primo espero que nos veamos pronto.

BODA de Lola y Amparo

¿Te ha pasado esto alguna vez?

Lo normal es que cuando se dice NO,
pasen tres cosas:
1. Reacción emocional: Aparece la liebre
disfrazada de frustración.

2. Solicitud de información:
La tortuga necesita información
para calmar a la liebre.

Pero... ¿cómo es que te
vas tan pronto?

¿Tan pronto a la cama?
¿Por qué?

3. Intentos de manipulación:
La liebre no suele aceptar explicaciones, su objetivo es conseguir lo que desea. Por eso, puede manipular, decir frases que hacen sentir mal, para que se cambie de opinión.

¡Con lo bien que lo estábamos pasando! Quédate, que hace mucho que no nos vemos. ¡Con lo fiestero que eras tú!

Papi porfi... ¡Un poco más, no seas malo!

Pues bien, hay que saber responder a esta situación. ¿Tú que harías? ¿Te irías con tranquilidad? ¿Cederías?

Aquí los psicólogos os recomendamos ASERTIVIDAD. Es decir, que cumplas tres objetivos:

1. Defiende tu postura.
2. Con control emocional (tu liebre tranquilita).
3. Y que la relación con esa persona se mantenga (su liebre tranquilita).

Fácil ¿no?
Je, je... somos unos cachondos.

En el día a día, en los hogares hay innumerables situaciones donde tu hija o hijo se enfada cuando le dices NO, te pide explicaciones, e incluso te dice cosas que te hacen sentir mal, es decir, te intenta manipular. ¿Es así?

Tengo que aprender tres cosas:
- Aceptar su reacción emocional.
- Darle explicaciones adecuadas.
- Saber manejar sus intentos de manipulación.

¡VAMOS CON ELLO!

1. ACEPTAR SU REACCIÓN EMOCIONAL

Nuestra primera recomendación, muy, pero que muy importante, es atender a la emoción, escuchar su liebre. Atiéndela, entiéndela.

Pero hay que tener en cuenta que, cuando la liebre de tu hija o hijo se dispara, tu liebre también lo hará. Por eso es necesario que tu tortuga actúe cuanto antes, que escuche a tu liebre, que la frene.

Esto se llama autocontrol.

Atender a la emoción de nuestras hijas a veces cuesta, para ello, primero tenemos que llevarnos bien con nuestra liebre. Si te invade la frustración, es mejor no actuar, o mejor dicho, que la tortuga actúe cuanto antes para frenar a la liebre.

En los conflictos, las decisiones deben estar lideradas por la tortuga, por eso, cuando te hablan de paciencia (que en el fondo es parte de la inteligencia emocional) consiste en que la tortuga escuche a tu liebre y la tranquilice, para más tarde entre las dos tomar la decisión oportuna.

Pero ¿por qué no puedo ver la televisión?

Ya estamos... todos los días igual, de verdad, es que...

Tranquila... respira...

¿Por qué no puedo ver la televisión?

Entiendo que quieras ver la televisión, cariño.

¿Por qué no puedo ver la televisión?

¡Ya estamos como siempre! Que no puedes ver la televisión, ya te lo he dicho cien veces, y no te pongas así...

En la primera imagen la tortuga ha conseguido calmar a la liebre adulta. En la segunda imagen, la liebre está descontrolada. ¿Qué eres, más de liebre o de tortuga?

Ahora bien, atender al plano emocional de tu hija no implica cambiar de criterio...

Venga cariño, ¿si te pongo la televisión dejas de llorar?

RECUERDA, EL SEMÁFORO REQUIERE COHERENCIA

Si das una explicación, y te funciona, puedes pasar directamente al apartado del semáforo amarillo. Si no, continúa tu lectura.

Ya hemos visto, que cuando a una persona se le dice NO, tiene derecho a una información que explique el NO. Sin información, la liebre se dispara, se pone nerviosa (el cerebro necesita tener percepción de control de la realidad). Pero la liebre también se dispara cuando la información es ese "más de lo mismo" repetitivo y cansino, habitual en algunos hogares.

Hacer sentir culpable a la liebre no es buena estrategia.

¡Ya te he dicho mil veces que no cojas mi ropa sin permiso! ¿A ti te gustaría que te quitara yo la ropa sin avisarte? ¿A que no? Entonces, ¿por qué lo haces? Voy a tener que empezar a hacer lo mismo para que aprendas. Es la única forma de....

¿Qué personaje aparecerá en el cerebro de la hija?, ¿la tortuga?: *Tienes razón mamá, a partir de ahora no lo haré.* ¿La liebre?: *¡¡Yo no me he puesto ninguna ropa tuya, eso son paranoias!!*

Ante la solicitud de una explicación de por qué no dejamos hacer algo a nuestros hijos, si pretendemos acercarnos al estilo asertivo, se recomienda ser lo más breve posible.

Mira las imágenes, ¿qué crees que puede pasar a continuación?

Entonces te quedas ¿no?

NO, es que mañana trabajo, y me duele la cabeza. Además, me he quedado sin dinero, y para volver a casa...

Hemos quedado que se apagaba la televisión a las nueve. Ya llevas más de una hora viéndola, mañana tienes colegio y debes dormir las horas necesarias.

Ya mami, pero no tengo sueño todavía...

Pues tienes que irte ya, es tarde. Además también mamá tiene derecho a ver sus propios programas, ¿no crees? Venga que si no mañana no habrá quien te levante y...

Así que, familias, ¡¡¡BREVEDAD!!! Ante un conflicto, la brevedad es un valor. Piensa bien tu justificación, una sola justificación y no te salgas de un pequeño discurso bien estructurado.

Cualquier desviación mínima, alterará a la liebre y la tortuga se bloqueará.

Ahora bien, una justificación difícilmente será eficaz si es lo único que se hace. Así que primero la emoción y luego la justificación.

Entiendo que no tengas sueño, cariño. Hemos quedado que a las nueve se apagaba la televisión, mañana podrás volver a verla.

DATO IMPORTANTE:
¡No es conmutativo! El orden, si afecta al resultado.
EMOCIÓN+JUSTIFICACIÓN ≠ JUSTIFICACIÓN+EMOCIÓN

RECUERDA:
Ante un NO, primero hay que atender a la liebre infantil (o juvenil). Una vez calmada, su tortuga ya puede entrar en acción.

La tortuga es la que procesa la información, y no puede trabajar si la liebre no se siente atendida. Por eso, usar primero la justificación sin que la tortuga esté preparada, hace que la liebre se dispare más.

Aún así, aunque se realice una única justificación de forma breve, posterior a un proceso empático, hay liebres difíciles de convencer.

La liebre tiene memoria y busca credibilidad.

Entiendo que no tengas sueño, cariño. Hemos quedado que a las nueve se apagaba la televisión, mañana volverás a verla.

Joo, yo quiero verla ahora.

Lo entiendo, cariño. Son unos dibujos muy divertidos. Ya te he dicho que mañana más.

¡Viva esa liebre despierta!

Esto puede pasar unas cuantas veces (depende de la memoria de lo que haya sucedido otras veces parecidas anteriores), pero es muy importante no salirse del guion.

El objetivo es que la tortuga de tu hijo tenga la oportunidad de explicar a su liebre la situación.

Para ello, es necesario que la liebre de la madre o padre esté tranquila y que la tortuga no de excesivas explicaciones, ni repita siempre lo mismo, ni le diga lo que tiene que hacer. Es decir, no salirse del guion.

Aunque también aviso que es muy fácil salirse. A la liebre de la persona adulta le gusta la libertad y puede saltar en cuanto se descuida la tortuga...

Entiendo que no tengas sueño, cariño. Hemos quedado que a las nueve se apagaba la televisión. Mañana podrás volver a verla.

Jo, yo quiero verla.

¡YA ESTÁ BIEN, A TU CUARTO DE UNA VEZ! ¡Y MAÑANA SIN TELEVISIÓN!

Ya tenemos dos conductas, a practicar:

1. Atender a la liebre de nuestra hija o hijo.
2. Dar una explicación breve y sin desviaciones para que la tortuga pueda regular a la liebre.

Vamos con la tercera: el manejo de las manipulaciones.

3. SABER MANEJAR SUS INTENTOS DE MANIPULACIÓN

¿Qué son las manipulaciones?

Son frases que pretenden generar malestar en otra persona para intentar convencerle de que haga algo, aunque no quiera hacerlo.

¿Te quieres ir a lavar o quieres que papá se enfade?

- En las familias se reciben manipulaciones.
- En las familias se realizan manipulaciones.

Las hijas e hijos van aprendiendo qué frases decir a mamá o a papá y ponen encima de la mesa lo que les ha funcionado a lo largo de su desarrollo.

¿Me has cogido dinero del bolso?

¿Cómo puedes pensar eso de mí, mamá? Te lo iba a decir, te cogí dinero porque me prestó dinero un amigo el otro día y se lo quería devolver.

Bueno hijo, perdona.

Además, se me perdió por el camino y como no se lo devuelva... no sé que puede pasar...

¿Necesitas más?

Para el manejo de las manipulaciones, aquí van tres consejos importantes:

A– Mantener la coherencia entre lo que se dice y se hace.

B– Contextualizar las manipulaciones y...

C– Prohibido razonarlas.

A. MANTENER LA COHERENCIA

Ya hemos visto que en la labor educativa son importantes dos aspectos:

Ser amables con las emociones de las y los menores, y mantener la coherencia.

La coherencia se puede medir de muchas maneras. En este manual se apuesta por un triple sistema de respuesta que pone en marcha cualquier ser humano cuando afronta una situación:

PIENSA

HABLA

ACTÚA

PENSAMIENTO

Como me pida la tablet esta tarde no se la voy a dejar.

LENGUAJE

Mamá, ¿me dejas tu tablet?

No, Raquel, la necesito para mandar unos e-mails.

Pero es que...

CONDUCTA

Pasados 15 minutos...
    ¿Crees que al final tendrá Raquel la tablet en sus manos?

LA COHERENCIA APARECE SIEMPRE CUANDO PENSAMIEN-TO, LENGUAJE Y CONDUCTA TIENEN EL MISMO COLOR DEL SEMÁFORO. ES COMO JUGAR A LAS TRES EN RAYA.

En este caso ¿qué ha pasado al final?

	Pensamiento	Lenguaje	Conducta
Rojo	X	X	
Amarillo			
Verde			X

¿Y en este de abajo?

	Pensamiento	Lenguaje	Conducta
Rojo	X	X	X
Amarillo			
Verde			

¿CUÁL CREES QUE FOMENTA MÁS LA CREDIBILIDAD ADUL-TA?

Ahora bien, ¿conoces a algún ser humano que todo lo que piense lo diga, y todo lo que diga, lo haga?

Eso es, todo el mundo tenemos nuestras incoherencias, analiza las tuyas y ¡¡a reducirlas!! Porque...

¡Cuantas más incoherencias existan en el mundo adulto, más sufrimiento e inseguridad padece el mundo infantil y juvenil!

Así que, a partir de ahora, piénsate bien el color del semáforo. Si tu hija te pide la tablet, siempre tienes tres respuestas (los colores del semáforo). Las tres son correctas, siempre y cuando pensamiento, lenguaje y conducta tengan el mismo color del semáforo.

Esto es mantener la coherencia.

B. CONTEXTUALIZA LAS MANIPULACIONES

Como podrás comprobar, las manipulaciones que has experimentado en tu hogar se suelen ubicar en un contexto de conflicto, es decir, quiere algo que no consigue, o no quiere hacer algo que tú quieres que haga.

¡CON TODO LO QUE HE HECHO YO POR TI....
Y ME DICES ESTAS COSAS!

Por eso es muy importante que no le des credibilidad a la manipulación.

C. PROHIBIDO RAZONARLAS

Cuando una liebre se siente manipulada, es normal que se altere, y mucho. Querrá defenderse, contraatacar, porque está recibiendo mensajes que le hacen sentir mal. Pero lo único que se consigue, si tu liebre es la protagonista, es calentar más a la liebrecilla. Y de las manipulaciones a la violencia hay un paso.

¿PUES SABES QUÉ TE DIGO...?

¡¡QUE TE VAYAS A LA MIERDAAAAAAAAA!!

Cuando una tortuga se siente manipulada, intenta buscar los porqués, entender la situación, indagar. Quiere razonar, convencer, pedir explicaciones, y a veces, entra al trapo.

Esto también calienta más a la liebrecilla, por lo que la liebre adulta entrará en escena.

PERO... ¿POR QUÉ ME DICES ESTO?, ¿NO CREES QUE TE ESTAS PASANDO?, ¿LO VES NORMAL? CREO QUE DEBES PEDIRME DISCULPAS...

Así que lo que recomendamos es que tu tortuga se dedique a controlar a tu liebre (que ya tiene trabajo con ello) y se limite a evitar razonar ni discutir las manipulaciones.

¡¡Eres el peor padre del planeta!!

¡El peor padre del planeta! No sabes ni lo que dices. ¿Quieres que sea el peor padre? ¡¡Pues lo vas a comprobar a partir de ahora!!

¡¡Eres el peor padre del planeta!!

Esa es tu opinión, querido. Yo me limito a cumplir lo que te dije que iba a hacer.
Me voy a hacer la cena.

Así que, asertividad, asertividad y asertividad.

O sea, que una vez que digo NO, si me manipula, no tengo que discutir, manteniendo la coherencia, sin cambiar de criterio, y además, contextualizando esa manipulación para no darle credibilidad. ¡¡¡BUUUFFFFF!!!

Pues, ¡a practicar! No será fácil, pero con entrenamiento, creo que podré.

Hasta aquí el semáforo rojo. Recuerda, tuyo es el control. Si el control de la situación empieza a ser de tu hijo, abandona el rojo y usa el amarillo.

¿Cómo saber dar el cambio? Pues cuando te empiece a DE-CIR NO a ti.

¡Sergio, termínate los garbanzos!

No tengo hambre.

EL SEMÁFORO AMARILLO

A NEGOCIAR

Un momento clave evolutivo para ejercer una parentalidad positiva es cuando tu hijo te empieza a decir NO.

¿Te acuerdas de su primer NO?

De la primera habilidad parental DECIR NO, en el semáforo rojo, pasamos a la segunda habilidad parental, LA NEGOCIA-CIÓN, el semáforo amarillo.

Vamos a explicar cómo proceder, evitando castigos, gritos y amenazas.

Según va creciendo, a la liebrecilla le gusta más el semáforo amarillo que el rojo. El rojo le gustaba porque se sentía protegida. Ahora quiere aprender a protegerse por sí misma, y el semáforo amarillo se convierte en un reto.

Papá ¿puedo comer un caramelo?

No, lo siento, dentro de poco vamos a comer.

Papá ¿puedo comer un caramelo?

Sí, sin problema, después de comer las lentejas te puedes comer el dulce, cielo.

En el semáforo rojo no hay alternativas, en el amarillo puede elegir. Y poder elegir es vital para su desarrollo. Quiere pasar de ser dependiente a independiente.

El semáforo amarillo se utiliza cuando ya empieza a tener recursos para responsabilizarse, para tomar decisiones. Necesita entrenamiento y supervisión, por eso es necesaria la colaboración adulta.

Se pasa de un control adulto (semáforo rojo) a un control compartido (semáforo amarillo), donde se traspasa parte de protagonismo al hijo o hija de forma negociada, (en el semáforo verde ya se pasará del todo).

Pero negociar no es tan sencillo como parece.

La negociación es una oportunidad de oro para que tu hija se inicie en el aprendizaje de la toma de decisiones. El semáforo amarillo establece las condiciones para que la tortuga y la liebre empiecen a entenderse, a coordinarse, a llevarse bien.

La responsabilidad y felicidad de tu hija depende de ello.

Recordamos lo visto anteriormente. Para tomar decisiones son necesarios tres elementos:
- Percepción de control.
- Alternativas.
- Consecuencias.

Todos los días se establecen varias veces, situaciones en el hogar donde se intentan estructurar estos elementos. ¿Para qué? Para que nuestra hija o hijo puedan empezar a decidir, deben tener la sensación de que se elige, no de que se les impone una decisión.

Decidir no es lo mismo que obedecer.

La elegancia y la inteligencia para estructurar estos tres elementos va a ser clave.

¡VAMOS CON ELLO!

Para aprender a negociar, como es una habilidad compleja, vamos a estructurarlo en tres fases: antes, durante y después.

ANTES:

FASE 1: LA ESTRUCTURA DE LA NEGOCIACIÓN.

DURANTE:

FASE 2: LA ESPERA INTELIGENTE.

DESPUÉS:

FASE 3: LAS CONSECUENCIAS EMOCIONALES.

FASE 1
LA ESTRUCTURA
DE LA NEGOCIACIÓN

A la hora de estructurar la negociación, debes tener en cuenta importantes consideraciones previas:

1. Elegir bien el momento.
2. El control es compartido.
3. Equilibrar deseos y obligaciones.
4. El lenguaje:
   Positivo.
   Específico.
   Anticipativo.
   Participativo.

1. ELEGIR BIEN EL MOMENTO

Si se quiere negociar, es importante que todas las liebres familiares estén tranquilas, o al menos las adultas (o la adulta). Negociar cuando la liebre es la protagonista exclusiva, no es recomendable. Luego suelen venir los arrepentimientos y las culpabilidades que existen en todas las familias.

¿Qué pensará la tortuga adulta a las siete de la tarde, y la liebrecilla? ¿No hubiese sido más inteligente elegir otro momento para resolver el conflicto?

2. EL CONTROL ES COMPARTIDO

Por lo que es muy importante fomentar que las hijas e hijos se sientan protagonistas, que se les tiene en cuenta, que su punto de vista empieza a ser relevante.

Se trata de ejercer un control externo respetuoso con su ritmo evolutivo, que les facilite percibir control sobre su propia realidad (que es lo que le gusta al cerebro, por cierto).

3. EQUILIBRIO ENTRE SUS OBLIGACIONES Y DESEOS

Cualquier persona debe tener un equilibrio entre sus obligaciones y deseos si quiere ser feliz. Y ese equilibrio debe aprender a realizarlo uno por sí mismo de forma progresiva. El semáforo amarillo es un control externo respetuoso que pretende ir potenciando de forma progresiva el autocontrol.

¿Cuánto tiempo dedicas a sus gustos, deseos, ilusiones? ¿Cuánto tiempo dedicas a decirle lo que tiene que hacer, a recordarle sus obligaciones?

Cariño, nos vamos un par de horas fuera. Puedes hacer lo que quieras este rato, ¿vale?

¿Qué pasará a continuación? Elige la respuesta correcta:

a. Estudiará.
b. Recogerá su habitación.
c. Fregará los platos.
d. Ninguna de las anteriores es correcta.

Efectivamente, la respuesta es la d.

Su liebre se siente libre y le apetece realizar 50.000 actividades mucho más deseables que las propuestas. Y su tortuga todavía no tiene la fuerza suficiente para liderar la situación.

> Dos horas para hacer lo que nos dé la gana. ¡¡Yupiiiiiiiiii!!

> Podríamos estudiar un poco primero...

> Pero, ¿tú estas tonta o qué?

4. EL LENGUAJE: POSITIVO, ESPECÍFICO, ANTICIPATIVO Y PARTICIPATIVO

LENGUAJE POSITIVO

Hasta que no vea tu cama hecha, no sales, no lo repito.

Claro que puedes salir, cariño, ya sabes en qué hemos quedado.

¿Aprecias alguna diferencia entre estas situaciones? ¿Cuál es más motivante?

Hasta que no vea tu cama
hecha, no sales, no lo repito.

Aquí la respuesta está protagonizada por la liebre, y lo normal es que responda algo así: *¡Pues no salgo, me da igual!* y la tortuguita ni aparece.

Claro que puedes salir, cariño,
ya sabes en qué hemos quedado.

Aquí la liebre tiene menos argumentos para enfadarse, por lo que es más fácil que aparezca la tortuga.
Además, con los **dobles NO**.

No sales hasta que no hagas la cama.

La persona adulta tiene dos problemas: mi hija sólo piensa en salir y no quiere asumir la obligación de hacer su cama.
Con lenguaje positivo:

Puedes salir sin problemas,
ya sabes en qué hemos quedado.

La persona adulta traspasa los problemas a su hija. El control de la situación, la elección de la decisión, la tiene la hija. La negociación se lleva bien con **el lenguaje positivo.**

LENGUAJE ESPECÍFICO

La liebre y la tortuga necesitan información concreta y veraz. Si no, se bloquean y pueden sesgar y transformar la información a su antojo, abriendo la puerta a la manipulación y así, amplificar el conflicto.

LENGUAJE ANTICIPATIVO

A partir del mes que viene, la persona que llegue 15 minutos tarde sin avisar, invitará a café al resto de compañeros.

Has llegado tarde 15 minutos y acabo de decidir, que como consecuencia debes invitar a café al resto de compañeras.

El lenguaje reactivo de la segunda imagen es el castigo, herramienta que se debe considerar inútil para fomentar la responsabilidad, al igual que los gritos, amenazas o sermones.

LENGUAJE PARTICIPATIVO

Vale cariño, podemos quedarnos hasta las ocho en casa de la abuela, pero antes tenemos que ir a comprar fruta y verdura.

¿Puede ser hasta las ocho y media y compramos en la frutería de la esquina?

¡OK!

¿Qué más te da que sea a las ocho o un poco más tarde? En el previo de la negociación, la flexibilidad es un valor, ya que aumenta la motivación y por lo tanto, la participación.

Vale, entonces para negociar elijo el momento adecuado, aprovecho los conflictos cotidianos para equilibrar lo que le gusta y lo que no, con un lenguaje en positivo, concreto y participativo que ayude a anticipar, pero...
¿Cómo estructuro lo que necesita mi hija para tomar decisiones, para que asuma responsabilidades?

Me alegro de que me hagas esta pregunta...

¿Te acuerdas de estos dibujos?

¿En qué se diferencian? y ¿en qué se parecen?

· La **coincidencia** es, que en ambas situaciones la liebre se dispara. Pocas personas adultas disfrutan viendo la habitación de sus hijos desordenada.

· La **diferencia** es que en la situación de la izquierda, la tortuga de la madre ha logrado controlar a su liebre. En la situación de la derecha, la liebre de las adultas está desatada.

Para negociar, la tortuga adulta debe actuar cuanto antes para controlar a su liebre. Si no consigue controlarla, es mejor evitar hacerlo (negociar).

Comparemos ahora estos dos dibujos.
¿En qué se diferencian? ¿En qué se parecen?

- La **coincidencia,** es que en ambos dibujos, la liebre se dispara, PERO, como hemos visto antes, la tortuga actúa, ha conseguido controlar a la liebre.

- La **diferencia**, es que uno pone el foco de atención en lo que ilusiona, en lo que emociona, y otro en la obligación, el deber.

Cuanto más insistas en que recoja, cuanto más te preocupe que ordene su cuarto, más difícil se lo estás poniendo para que asuma la responsabilidad.

Así que, a concentrarme en controlar a mi liebre y luego centrarme en lo que le ilusiona.

A continuación, sal de la habitación, y sin que tu hija se entere escucha a tu liebre, deja que se exprese. Las emociones han de fluir. Mima y calma a tu liebre. Recuerda, si negocias bajo los efectos de tu liebre, te arrepentirás.

¡¡¡GENSANTAAAAAAAA PERO CÓMO TIENE LA HABITACIÓNNNN!!!

También es importante hacer algo, entretenerte en lo que sea, hacer la cena, escuchar música, si cantas mejor... Debes distraer a tu liebre, tranquilizarla. Por si de repente llega tu hija y...

> Mamá, ¿me echas una partida a este videojuego?

Y si tu liebre no estaba calmada te puede pasar algo parecido a esto:

> ¡¡NO HAS RECOGIDO TU HABITACIÓN Y TIENES LA CARADURA DE PEDIRME QUE JUEGUE CONTIGO!! ¡¡HASTA QUE NO RECOJAS NADA DE NADA!!

Como ves, la liebre adulta, cuando se calienta, se olvida del lenguaje positivo, participativo... y se acerca a la amenaza, al sermón o al castigo.

También es habitual que si estaba calmada, se vuelva a despertar. Pues ya sabes, a volver a tranquilizarla para poder estructurar la negociación. Ya se te avisó que negociar no era fácil.

Una vez que tu liebre vuelve a su sitio, aprovecha ese momento clave en el semáforo amarillo. Con una sola frase, dirigida por tu tortuga y aliada de tu liebre, estructura la negociación.

Recuerda que debe contener los tres elementos que necesita tu hija para responsabilizarse, para poder tomar decisiones: control, alternativas y consecuencias.

¿Qué se te ocurre que le puedes decir? Piénsalo.

La frase correcta es algo parecido a esto:

"Claro que podemos jugar al videojuego, me apetece mucho jugar contigo, Carmen. Venga, en cuanto recojas la habitación".

Analicemos estas frases:
1. ¿Quién tiene ahora el control?
2. ¿Existen alternativas?
3. ¿Cuáles son las consecuencias?

1. ¿QUIÉN TIENE AHORA EL CONTROL?

Al centrarse en lo que le ilusiona, y poner la condición de recoger para jugar con esa "elegancia", el objetivo marcado es traspasar la preocupación a la hija. Si consigues que tu hija perciba que tiene ella en ese momento el problema, vamos bien.

2. ¿EXISTEN ALTERNATIVAS?

"Claro que podemos jugar al videojuego, cariño. Me apetece mucho jugar contigo, Carmen. Venga en cuanto recojas la habitación".

¿Qué alternativas tiene Carmen? ¿Sólo recoger la habitación?

En el recorrido de la responsabilidad no hay un único camino. Decidir implica tener encima de la mesa opciones. La liebrecilla de Carmen, quiere saber si es libre para elegir, si tiene alternativas. Por eso mismo, no descarta explorar la opción de no recoger.

3. ¿CUÁLES SON LAS CONSECUENCIAS?

Otro criterio necesario para que la liebre y la tortuga de tu hija puedan aprender a tomar decisiones responsables, es que aprendan a analizar las consecuencias de cada alternativa por sí mismas, poco a poco.

Por eso, es importante que cuando se negocie con los hijos, queden lo más concretas posible para ambas partes las consecuencias de su comportamiento. En el ejemplo, la consecuencia de recoger sería jugar, y la consecuencia de no recoger sería no jugar con la madre.

O sea, que con nuestra liebre tranquila le decimos una frase que equilibre lo que le gusta y lo que no, de una forma que perciba que la decisión es suya, concretando las consecuencias de cada alternativa. ¿Y ahora, que?

Ahora toca esperar.

FASE 2
LA ESPERA INTELIGENTE

Ya has puesto la decisión en manos de tu hija, ya sabe lo que tiene que hacer para obtener lo que desea, has descargado el problema, y ahora te toca esperar, dedicarte a ti misma. Haz algo que tengas que hacer o te apetezca hacer.

Tu hija puede decidir inmediatamente, o no. Puede provocarte, o no.

En definitiva, puede suceder algo así:

Bueno, déjalo, jugamos en otro momento.

¡No me apetece recoger ahora! Te prometo que lo hago luego. ¡Qué más te da, no seas así!

Saber esperar implica que tu tortuga trabaje más de la cuenta, ya que tu liebre quiere que recoja todo ya.

"Bueno, déjalo, jugamos en otro momento".

Pero, ¿por qué dice esto? ¿Por qué no se va a recoger?

Pues porque necesita comprobar dos cosas antes de asumir la responsabilidad y decidir:

1. Si sigue teniendo el control la persona adulta, es decir, si le sigue preocupando en exceso el orden de la habitación.
2. Si tiene alternativas, si puede elegir. Quiere asumir el reto, pero quiere comprobar que elige, no que obedece.

La liebre y la tortuga de tu hija, quieren saber si son libres para elegir, si realmente ya es un problema suyo. No se fían y te están poniendo a prueba, quieren credibilidad.

Así, puedes actuar de dos formas:

> Pero ¿qué te cuesta recoger? Si no tardas nada, y luego jugamos. ¡NO SEAS ASÍ!

Aquí, se ha vuelto a calentar la liebre adulta, y la tortuga no ha logrado controlarla.

> Como quieras, cariño

Aquí, se ha vuelto a calentar la liebre adulta, pero la tortuga adulta si ha logrado controlarla.

¿Cuál crees que es la opción con más inteligencia emocional?

Nos quedamos con el *Como quieras, cariño*. Nos está diciendo muchas cosas, recuerda que el semáforo amarillo es control compartido, donde el poder y el protagonismo se reparte. Para que funcione, para que se fomente la responsabilidad, las alternativas deben estar bajo control de tus hijas e hijos.

Decidir, implica elegir, la tortuga y la liebre tienen la oportunidad de llegar a un acuerdo, están "condenadas" a entenderse, por lo que necesitan sus espacios para deliberar sus decisiones.

¡NO QUIERO RECOGER!
¡QUIERO JUGAAAAARRRR!

Yo también, pero deberíamos recoger antes.

La liebre y la tortuga de tu hija quieren empezar a llevarse bien. Poder elegir las dos juntas, son momentos vitales para crecer. La liebre pone el deseo, el impulso, la energía, y la tortuga la planificación, la visión de futuro, la predicción y las consecuencias.

Si sólo existiera la liebre, elegiríamos siempre de forma impulsiva lo primero que se nos viniera a la cabeza, todo menos recoger.

Si sólo existiera la tortuga, ni nos moveríamos del sitio, todo serían dudas e incertidumbres, y evitaríamos decidir. Querría recoger, pero no se atrevería.

Ambas se necesitan.

La liebre sólo pensará en los privilegios, en la recompensa, en el disfrute.

La tortuga, tiene que convencer a la liebre que lo mejor es equilibrar ese disfrute con algo de obligación. Que la felicidad no es sólo ilusionarse y desear, si no acostarse con la sensación de que se ha disfrutado del día, por supuesto, pero también se ha asumido las obligaciones y deberes diarios. Ni más... ni menos.

¿Qué haces tú, para que tu hija se acueste por las noches con la sensación de que ha disfrutado y asumido sus obligaciones acordes a su etapa evolutiva?

¿Y tú, con qué sensación te acuestas? ¿Ha habido equilibrio en tu día?

El semáforo amarillo sirve para que la tortuga tenga argumentos para "convencer" a la liebre de que lo mejor es hacer ambas cosas, buscar el equilibrio entre obligaciones y deseos. Pero la tortuguita necesita algo más para buscar junto a la liebre, la toma de decisiones responsables:

La coherencia adulta.

La liebre sólo piensa en una alternativa: jugar. Y luchará por ello, usará su memoria para ver cuales han sido las consecuencias aplicadas a lo largo de su trayectoria vital.

La tortuga está creciendo, y empieza a anticipar las consecuencias de su comportamiento. Necesita que la estructura de la negociación sea coherente y creíble. Si no, no puede convencer a la liebre.

> Ya sabes que cuando papá nos dice que podemos jugar si recogemos, lo cumple.

¡¡JUAS, JUAS, JUAS!!

> Ya sabes que cuando papá nos dice que podemos jugar si recogemos, lo cumple.

	Pensamiento	Lenguaje	Conducta
Rojo			
Amarillo	X	X	
Verde			X

	Pensamiento	Lenguaje	Conducta
Rojo			
Amarillo	X	X	X
Verde			

¿Con cuál de las dos jugadas lo tiene más fácil la tortuga para convencer a la liebre?

Mira los dibujos de la página anterior y compara.

O sea, que la tortuga necesita de las personas adultas coherencia, que como he leído antes, se mide por la tríada pensamiento-lenguaje-conducta, no sólo en el semáforo rojo, sino en los demás colores del semáforo. ¿No es así?

Por otro lado, la liebre... ¿Qué necesita?

Cuando se negocia con los hijos, se llega a un acuerdo o se establece una norma, la inmensa mayoría de las veces no se tiene en cuenta algo fundamental: las emociones.

Sin embargo, como has podido comprobar, las liebres aparecen continuamente. Así que, sigamos analizando lo que pasa después de la decisión, sin perderlas de vista.

No sólo pensemos en las consecuencias "clásicas" (se juega o no), si no también en las consecuencias emocionales.

FASE 3
CONSECUENCIAS
EMOCIONALES

Le has dicho a tu hija que puede ver la televisión si termina de hacer los ejercicios de matemáticas, que tiene que entregar mañana, antes de las siete de la tarde.

Ya son las siete, y pueden pasar dos cosas:

¡Mira, ya he terminado los ejercicios!

No me ha dado tiempo de terminarlos...

En teoría, en la primera imagen, la consecuencia sería encender la televisión. En la segunda imagen, la consecuencia sería, televisión apagada. Eso es lo que se ha acordado. Ahora bien, ¿dónde están las emociones? ¿Cuál sería tu reacción emocional en cada una de las situaciones? ¿Sería la misma?

Compara estos dos dibujos:

¿Dónde aparece la tortuga adulta? ¿Dónde es la protagonista absoluta la liebre? ¿Qué interesa?

Está claro que la liebre adulta esperaba ansiosa que los ejercicios estuvieran realizados y al no cumplir sus expectativas, se frustra, es lógico y normal.

Ahora bien, cuanto antes, debe aparecer la tortuga adulta (primera imagen), ya que la respuesta emocional adulta debe ser lo más estable posible, tanto si la hija hace los ejercicios, como si no.

La liebre de la hija tiene derecho a reaccionar como quiera, lucha por algo que desea. Está aprendiendo y necesita que su tortuguita le ayude a controlarse. Para eso es necesario que la liebre adulta esté tranquila. Cuando las liebres están sueltas, los conflictos familiares se acumulan y se desbordan.

Yo tomo la decisión de hacer la tarea, y no me has dicho que te ibas a enfadar si no la hacía.

Céntrate en lo que decides tú, en lo que haces tú, no en lo que decide tu hija o hijo. Mantén tu atención en controlar las consecuencias, no en las alternativas.

Tu hija e hijo necesitan en el semáforo amarillo, percibir que la decisión es suya, que las alternativas están bajo su control, y las consecuencias bajo el tuyo.

Si te enfadas, tu hija se puede sentir estafada, ya que probablemente sin intención, no buscas su responsabilidad, sino su obediencia.
La responsabilidad necesita alternativas.
Si la única salida válida era hacer los ejercicios, no está tomando decisiones. Está haciendo lo que tú quieres, y eso tiene otro nombre: OBEDIENCIA.

¿Cómo quieres que sea tu hija o hijo con 26 años, responsable u obediente?

Si tu respuesta es "responsable", trabájala a los 6, a los 13 y a los 19 años. Aplícalo en cualquier etapa evolutiva, y lo que consideres que no puede asumir la responsabilidad, que no hay otra alternativa más que la que tú decides, para eso tienes el semáforo rojo.

En el semáforo amarillo, el poder y el protagonismo de las alternativas han de estar bajo el control de la hija o hijo. Tú céntrate en que las consecuencias estén bajo tú control, tanto las de conducta (poner o no la televisión), como las emocionales (mantener tu liebre tranquila, independientemente de lo que decida tu hija o hijo).

CONSECUENCIAS

ALTERNATIVAS

Cuando se ponen encima de la mesa diferentes opciones, hay que respetar la decisión. Los hijos tienen que sentir que eligen, no se les puede obligar a hacer algo. La elección se lleva bien con responsabilidad y la obligación, con la obediencia.

Pero esto no termina aquí. Es muy importante no sólo la coherencia individual, sino la de equipo. Y equipo sería cualquier persona adulta significativa para tu hija o hijo.

Llega la hora de la cena, puede que los deberes estén hechos y tu hijo ha disfrutado de un rato de televisión, o que no los haya terminado y no haya televisión (también podría pasar que sin hacer deberes vea la televisión, pero a estas alturas ya sabrás lo negativo de esta opción).

Si no ha hecho los deberes y no ha disfrutado de la televisión, puede pasar esto...

> Pues mamá, me ha castigado sin ver la televisión.

¿Qué le contestarías?

Si la tortuga adulta no controla a la liebre adulta...

Si la tortuga adulta controla (no sin esfuerzo) a su liebre...

¿Cómo van a afectar las dos situaciones anteriores a la liebre y tortuga de Carlos?

La primera de las situaciones, probablemente, genere esto:

La segunda de las situaciones, seguramente de lugar a esta escena:

No pienso hacer los ejercicios nunca. Es injusto que no me dejen ver la televisión. ¡Mi madre es idiota!

Querida liebre, recuerda que la única forma de ver la televisión es haciendo la tarea ¡Si es que somos un poco idiotas!

Para ello el **silencio inteligente** es una buena estrategia. Lejos de sacar las conclusiones, valorar lo que ha hecho o lo que debería haber hecho, el silencio inteligente deja espacio para que la tortuga y la liebre se encuentren, dialoguen, saquen sus propias conclusiones, como hemos visto anteriormente.

El silencio inteligente no es callar, es acompañar, es empatizar, es ser coherente, es no entrar al trapo, es silenciar a tu liebre adulta y que hable la tortuga, pero lo justo. En el después de la negociación, si hay silencio inteligente, habrá aprendizaje y maduración infantil.

El silencio inteligente es la puerta de entrada de la educación en valores.

Hasta aquí el semáforo amarillo. Recuerda todos los días, varias veces, puedes ponerlo en marcha. A veces es agotador, pero tarde o temprano, la tortuga y la liebre de tu hija o hijo, pueden mandar señales de coordinación. Eso es que vamos bien.

> Papá, me ha llamado Elías para ir a su casa a ver una película. Pero he pensado que primero voy a terminar de estudiar el examen del lunes, y luego ya iré. ¿Te parece?

Cuando te pase esto, tu hija ya está preparada para el semáforo verde.

EL SEMÁFORO VERDE

Y llegamos al semáforo verde, última parada de nuestro viaje. Si has llegado hasta aquí es porque ya consideras que tu hija o hijo tiene los recursos suficientes para asumir responsabilidad y tomar sus propias decisiones.

Algo sobre lo que tú has decidido hasta ahora, pasa a ser responsabilidad de tu hija o hijo. Eso es el semáforo verde, traspasar esa responsabilidad. Por eso, en cada etapa evolutiva, hay que pararse y replantearse la distribución de responsabilidades, de los colores del semáforo.

Esto que estoy diciendo yo, que me sigo responsabilizando, ¿debería ya decidirlo mi hijo?

HORARIOS

ALIMENTACIÓN

ESTUDIOS

TAREAS DOMÉSTICAS

USO DE LA TECNOLOGÍA

HIGIENE

En el semáforo verde aparece el verdadero autocontrol. Tu hijo es el único que tiene control sobre esa realidad, es decir, ya no puedes ejercer control externo, por mucho que lo desees (para eso estaban los dos colores del semáforo anteriores).

Así que, hazme caso Amina, y en el recreo a partir de ahora, no juegues con Sonia, ¿entendido?

Digas lo que digas, Amina va a hacer lo que ella crea necesario y deseable.

Son situaciones que deben afrontar con sus propios recursos, donde las personas adultas ya no debemos estar presentes (o no deberíamos).

Pero, como ya hemos visto en los demás colores del semáforo, el verde también tiene sus complicaciones. Sabemos que tarde o temprano es imprescindible delegar responsabilidades, pero cuesta esfuerzo. En el semáforo verde siempre aparece una intrusa inevitable: **la preocupación.**

PERO, ¿CÓMO VAMOS A DEJAR DE PREOCUPARNOS POR SUS ESTUDIOS? ¿ESTAMOS LOCOS, O QUÉ?

Efectivamente, cuesta, pero ¿qué es lo importante?, ¿que te preocupe a ti y se lo repitas continuamente?, ¿o conseguir que lo diga tu hija, que se preocupe y lo interiorice?

El semáforo verde apuesta por la segunda alternativa.

La preocupación está liderada por la liebre. Recuerda que nuestra liebre está destinada a mantenernos vivos. Por eso, una de sus funciones es controlar la realidad que nos rodea. En los momentos en los que no percibe control, se alerta, se preocupa. Y el semáforo verde está lleno de situaciones que la liebre adulta no controla, ni debe controlar, por mucho que quiera.

No queda más remedio que saber manejar y llevarse lo mejor posible con nuestra querida compañera, la preocupación.

La liebre y la tortuga adulta tienen memoria, acumulan experiencias, ya han recorrido un camino parecido al que ahora están recorriendo la liebre y la tortuga infantiles. Éstas también poseen memoria, pero con menos experiencias, menos aprendizaje, menos recursos para detectar peligros, para gestionar riesgos. Por eso, la percepción de los riesgos y el manejo de las preocupaciones son muy diferentes.

Vamos a ir concretando. Profundizaremos en cómo llevar a cabo el semáforo verde con un ejemplo cotidiano: hacer la cama. Para ello rescatamos la tríada de respuesta que hemos trabajado en los otros colores del semáforo.

¡Volvamos a jugar a las tres en raya!

	Pensamiento	Lenguaje	Conducta
Rojo			
Amarillo			
Verde			

PENSAMIENTO

Esto es lo más sencillo, piensas que tu hija puede asumir la responsabilidad de hacer la cama, que decida lo que decida vas a respetar su decisión. Si vives en pareja, compartes tu planteamiento y buscas el acuerdo adulto.

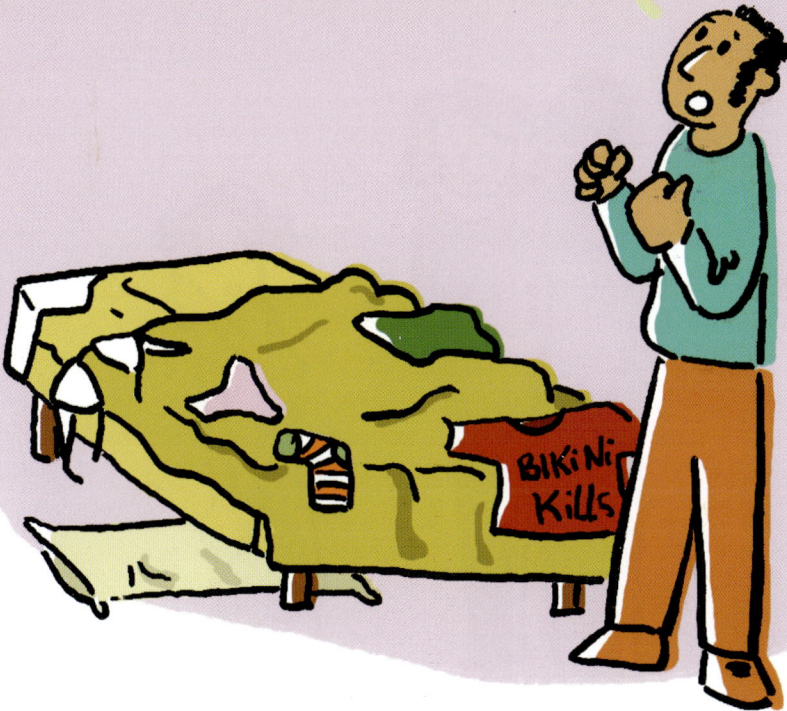

> Es su cama, es su habitación, debo respetar su decisión, es su problema. ¡Venga que puedo!

LENGUAJE

Eliges (elegís) un momento adecuado para comunicar vuestro cambio de color. Con tu tortuga liderando tu cerebro, le comentas algo parecido a esto:

Julia, durante mucho tiempo hemos estado diciéndote que hicieras tu cama. Hemos pensado que a partir de ahora la decisión va a ser tuya. Decidas lo que decidas nos va a parecer bien. Cada 8 días nos limitaremos a dejarte un juego de sábanas limpias. A partir de ahí, tú misma. Cualquier duda, aquí nos tienes.
¿Te parece?

¿Cuál será la contestación de Julia?

Bueno, como queráis...

Esta respuesta es la habitual, pero en ocasiones pueden aña-
dir algún tipo de mensajito provocador, como:

¿Ya habéis terminado?

¡¡IMPORTANTE!! Diga lo que diga, que no se caliente en exceso vuestra liebre. Es lógico que tu liebre quiera saltar (y va a saltar), pero tu tortuga debe estar atenta para controlarla. Esto es la inteligencia emocional, recuerda.

Limitaos a respetar su respuesta, y salir de la habitación de buen rollo. Como mucho, podéis repetir algo del mensaje previo, pero nunca, nunca, discutir, ni salirse del discurso. No nos interesa.

Discutir es una lucha inútil entre liebres. Es una herramienta ineficaz, ya que demuestra que te sigue preocupando que haga la cama, que el mensaje que estás trasmitiendo no es creíble.
En definitiva, Julia no se fía. Por eso, esto continúa.
Necesita comprobar tu despreocupación en tu conducta, en lo que haces, no sólo en lo que dices.

CONDUCTA

Lo has pensado, se lo has dicho, ahora hay que hacer aquello que has dicho. En este caso es no hacer nada, o mejor dicho, contar 8 días, recoger sus sábanas como las tenga, y dejarle un juego de sábanas limpias, y... hasta dentro de 8 días. ¡Nada más!

En el semáforo verde, uno de los objetivos es aprender a "hacer no hacer nada". "Hacer no hacer nada", significa dejar hacer, con confianza.

Sin embargo, puede pasar la siguiente secuencia:

PRIMER DÍA

SEGUNDO DÍA

Aquí, la liebre va adquiriendo más protagonismo, va creciendo dentro de ti.

¿Cuantos días puedes sujetar a tu liebre? ¿Cuál es tu récord? Si llegas al octavo día, quitas las sábanas, dejas unas limpias y la vida continúa, ponte una medalla ahora mismo. Porque lo normal es que la liebre salte en el momento más inoportuno.

TERCER DÍA

¿Qué hay de cena, papá?

Judías verdes y albóndigas.

Joer... otra vez judías verdes...

PUES SÍ, JUDÍAS VERDES, Y SI NO, TE ENCARGAS TÚ DE LA CENA, QUE PARA UNA OBLIGACIÓN QUE TIENES COMO ES HACER LA CAMA, NI LA HACES. ¡YA ESTÁ BIEN DE PROTESTAR!

EL SEMÁFORO VERDE PASO A PASO

PRIMER DÍA

Pero... NO HA HECHO LA CAMA... Ayer quedó clarito que era su responsabilidad...

No querida, ayer traspasamos la responsabilidad.
Julia decide y toca respetar.
Necesita su tiempo.

SEGUNDO DÍA

¡OTRA VEZ! NOS ESTÁ VACILANDO.
PERO ¿QUÉ LE CUESTA HACER LA CAMA?

¡Para, querida liebre!
¿Cómo se va a responsabilizar de algo si le seguimos demostrando que es nuestra responsabilidad?

PERO SI NO NOS HACE CASO, VA A SER UNA VAGA EL RESTO DE SU VIDA, ESTO NO PUEDE SER...

¿Qué quieres, que asuma responsabilidades, o que haga lo que queremos? Es hora de despreocuparnos, para que ella se preocupe. No queda otra.

Para que Julia asuma la responsabilidad de hacer la cama, necesita comprobar primero que las personas adultas, que se han preocupado durante todo este tiempo, dejen de hacerlo. Por eso, lo normal es que Julia no haga la cama. Necesita no hacer la cama.

Es normal que exista cierta dosis de "tormenta".

Así que saca el paraguas, ya que es una buena oportunidad para que le demostréis que lo que habéis dicho, es verdad. Y que lo vais a cumplir.

LA BALANZA DE LA PREOCUPACIÓN

Y aquí llega el momento en que vuestra liebre os dirá:

> Bueno, la mejor manera de despreocuparme es que vea que ella se preocupa, es decir, que primero haga la cama, ese es nuestro objetivo

Pero no, querida liebre, la mejor manera para que la liebre y la tortuga de Julia asuman la responsabilidad, es que perciban que tu liebre y tu tortuga se han despreocupado primero.

JUEGO DE PALABRAS:

"HAY QUE PASAR DEL SIGO PREOCU-PADO HASTA QUE SE PREOCUPE, (QUE CUANDO SE PREOCUPE YA ME DES-PREOCUPARÉ), AL ME DESPREOCUPO PARA DARLE UNA OPORTUNIDAD, PARA QUE SE PUEDA PREOCUPAR".

Así que es mejor que ni pasemos por la habitación para comprobar cómo está la cama. Si está hecha, bien. Si no está hecha, también bien. Ya sé que no te gusta, pero si le decimos algo estamos jugando mal a las tres en raya. Debemos pensar que es una oportunidad que nos da Julia para demostrarle que lo que le dijimos (que era su problema, recuerda) lo vamos a cumplir. Su tortuga necesita nuestra coherencia para gestionar a su liebre, que te recuerdo que mucha pasión por hacer la cama no tiene...

¿Convencerán esos argumentos a tu liebre?

Ponte a prueba, y analiza ese diálogo entre tu tortuga y tu liebre. O entre las tortugas y liebres adultas.

La liebre no es fácil de convencer, delegar le cuesta, teme que puedan ocurrir muchas cosas. Vamos a hacer una pequeña prueba, se trata de preguntarse varias veces:

¿Qué temes que pueda ocurrir si tu hija no hace la cama?

LA CADENA DE TEMORES

¿Qué temes que pueda ocurrir si tu hija no hace la cama?
Pues que su habitación esté hecha un desastre siempre.

¿Y qué temes que pueda ocurrir si su habitación está hecha siempre un desastre?
Pues que haga lo que le da la gana en todo momento.

¿Y qué temes que pueda ocurrir si tu hija hace lo que le da la gana en todo momento?
Pues que vivir con ella sea un caos y no podamos controlarla.

¿Y qué temes que pueda ocurrir si no puedes controlarla?
Pues que se meta en líos, deje de estudiar, esté todo el día haciendo el vago.

¿Y qué temes...?
¡YA, PARA YA! Lo he pillado.

Efectivamente, al final tu liebre lo que teme es que tu hijo sea un desgraciado, un don nadie, un conflictivo, un vegetal que puede acabar en la cárcel... si no hace la cama. Por eso, te va la vida en que haga la cama. Pero, cuanta más preocupación demuestre tu liebre, más pasotismo generas en la liebre de tu hija.

Por eso, es importante que tu hija no escuche a tu liebre.

¡Tienes que escuchar tú a su liebre, con tu tortuga activada! Recuerda:

- Tu tortuga debe liderar el semáforo inteligente.
- Si lidera tu liebre el cerebro, no vas a escuchar, y las probabilidades de cometer errores se amplifican.

¿Cuántas veces te has sentido mal por lo que le has dicho a tus hijos?

Hacer la cama es sólo un ejemplo, pero puedes elegir cualquier conflicto del listado propuesto al principio. Cada etapa evolutiva tiene su semáforo verde. Con tres años, algo, pero poquito verde... con 16 años, mucho más.

CREDIBILIDAD

Tenemos que conseguir que la tortuga de tu hija diga a su liebre:

¡Espabilemos, que es nuestro problema!

Y que su liebre no tenga la posibilidad de contraargumentar.

¡Eso es mentira! ¿Cuántas veces te ha dicho que ya eres mayor para...?
¿Para eso confiamos en ti, para que nos hagas esto?

Por eso, es fundamental la credibilidad adulta. Cada semáforo que apliques, suma o resta credibilidad. Depende de cómo juegues a las tres en raya. Si juegas mal, sobreactúa la liebre de tu hija y la tortuga no puede convencerla. La tortuga de tu hija se nutre de coherencia, la necesita para generar argumentos con hechos contrastados que convenzan a su liebre para asumir una responsabilidad de forma conjunta.

O sea, que cada vez que traspase una responsabilidad a mi hija, tengo que esperar una "tormenta", es decir, que mi hija haga justo lo contrario de lo que deseo, y tengo que entender que no lo hace para fastidiarme, sino para comprobar que lo que le digo es cierto, que le demuestre coherencia, ya que quiere creerme...

Lo voy entendiendo, pero es muy complicado esto de mostrar confianza y respeto por sus decisiones.

MANDO A DISTANCIA

Desde que son muy pequeños, las niñas y niños tienen que disfrutar de momentos en los que poner a prueba sus aprendizajes, sus competencias, su autonomía, ajustado a sus ritmos evolutivos.

Para eso está el semáforo verde. Aunque quieran, las personas adultas no pueden ni deben controlarlo todo, ya que hay realidades que las hijas e hijos tienen que afrontarlas por sí mismos. Ahora bien, cuando están "solos ante el peligro", no deben sentirse solos, deben respirar acompañamiento, disponibilidad, confianza, respeto... Deben percibir que estamos ahí, sin estar.

SOMOS COMO UN MANDO A DISTANCIA

Ese acompañamiento en la distancia hay que trabajarlo en casa a diario. Nuestras hijas e hijos necesitan captar ese acompañamiento, esa disponibilidad emocional. Por eso, nos ponen a prueba constantemente, contando sus vivencias, lo que les ha pasado en sus escenarios, donde saben que no vamos a estar.

> ¡Mirad lo que me ha pasado! ¿Tú crees que es normal que quedemos para salir por el barrio y va la Bea y convence a todos para ir al centro? ¡Es que es tonta del culo!

Estos momentos son claves, hay que aprovecharlos. Es cuando se recargan las pilas del mando.

¿Qué respuesta elegirías?

a. ¡Joer con tu amiga Bea! Ya te hemos dicho muchas veces Chus, que no te interesa ser su amigo.

b. Pues queda con otra gente, o si quieres nos vamos al cine.

c. Es normal que pasen estas cosas cariño, no te preocupes, ya se solucionará.

d. Esta Bea... ¿Quieres que hablemos con su madre?

e. ¡Madre mía, cuéntanos, porque vaya enfado tienes con tu amiga Bea!

Sí, la "e" es la correcta. Veamos por qué.

Cuando nuestros hijos nos cuentan sus historias, la primera protagonista que actúa en nuestro cerebro, como siempre es nuestra liebre. A nuestra liebre no le gusta el sufrimiento, y la tortuga adulta intenta motivar a la tortuga de Chus. Se sitúa en el plano racional.

Analicemos las opciones anteriores y sus consecuencias.

Respuesta A:

Las personas adultas piensan que lo mejor que pueden hacer para ayudar a su hijo es valorar sus decisiones anteriores, intentar convencerle de que su amiga va a ser un "riesgo" para él. Sin darse cuenta, enfatizan los errores, atienden selectivamente lo que ha hecho mal, por lo que el mensaje que recibe Chus podría ser éste.

¡Joer con tu amiga Bea! Ya te hemos dicho muchas veces Chus, que no te interesa ser su amigo.

No quiero que me evaluéis, que me digáis lo que hago mal. ¡No me habéis entendido! ¡Quiero que me ayudéis a afrontar esta situación!

Respuesta B:

Las personas adultas piensan que lo mejor que pueden hacer para ayudar a su hijo es proponer opciones, desviar la atención, hacerla ver que tiene otras posibilidades de acción.

Sin embargo, el mensaje que recibe Chus, podría ser éste.

Pues queda con otros amigos, o si quieres vamos al cine.

No, yo quiero quedar con mis amigos.
Me fastidia que cambien de planes sin contar conmigo.
¡Y no me apetece ir con vosotros al cine!

Respuesta C:

Las personas adultas piensan que lo mejor que pueden hacer para ayudar a su hijo es calmarle, no dar tanta importancia y trascendencia, quitando hierro al asunto.

Sin embargo, el mensaje que recibe Chus es éste.

Es normal que pasen estas cosas, cariño. No te preocupes, ya se solucionará.

¿Normal? Pues yo no lo veo ni medio normal... y claro que me preocupo. Ya me las apañaré solo.

Respuesta D:

Las personas adultas, piensan que lo mejor para ayudar a su hijo es solucionar el problema, decidir por él, coger las riendas de la situación para que no lo pase mal.

Sin embargo, el mensaje que recibe Chus podría ser éste.

¡Esta Bea! ¿Quieres que hablemos con su madre?

¿A caso pensáis que soy un inútil y que no puedo solucionar yo solo el problema? ¡Que no os enteráis! ¡Que quiero que me ayudéis, no que me lo solucionéis!

Estas cuatro alternativas no son deseables. Intentan motivar a la tortuga del hijo, para que madure, pero no lo consiguen, al menos por dos motivos:

1. El protagonismo es adulto. Son las personas adultas las que asumen el control, y eso es otro color del semáforo, no es el verde.

2. El plano emocional no es atendido. La liebre del hijo pasa desapercibida.

Busquemos otra vía. Para ello utilizaremos:

LA TÉCNICA DE LOS 3 ESCALONES

SALIDA

ELABORACIÓN

EMOCIÓN

PRIMER ESCALÓN: LAS EMOCIONES

Volvamos a leer el mensaje de Chus:

¡Mirad lo que me ha pasado! ¿Tú crees que es normal que quedemos para salir por el barrio y va Bea y convence a todos para ir al centro? ¡Es que es tonta del culo!

¿No está repleto de emociones?

¿Quién es la protagonista del mensaje, su tortuga o su liebre?

¡Madre mía, cuéntanos, porque vaya enfado tienes con tu amiga Bea!

El primer escalón será pues, atender a la liebre. Lo primero empatía, prestar atención a las emociones, ponerles nombre, ayudar a identificarlas, a recogerlas, a digerirlas.

La liebre necesita "mimos", quiere sentirse escuchada, aceptada de forma incondicional, percibir que su madre y su padre están ahí, disponibles, acompañando sus decisiones, sus experiencias.

Por eso es tan importante que lo primero que hagamos siempre, sea escuchar a la liebre de nuestro hijo. Si no, se enfadará, y una liebre enfadada secuestra todo el cerebro y la tortuga arrinconadita, no puede entrar en acción, no se atreve.

¡Madre mía, cuéntanos porque vaya enfado que tienes con tu amiga Bea!

¡Pues claro que estoy enfadado! ¡Para no estarlo! Es que siempre hace lo mismo. ¡Hace lo que le da la gana!

Ya entiendo, la situación no es fácil de resolver.

SEGUNDO ESCALÓN: LA ELABORACIÓN

Una vez atendida su liebre, ya puede entrar en acción la tortuga, la reina de las funciones ejecutivas. Después del *Ya entiendo, la situación no es fácil de resolver* ya se puede elaborar, reflexionar, pensar, construir... una solución al problema de Chus. Ahora es el momento de espabilar a su tortuga, con la liebre (o las liebres) de protagonista esto no es posible.

> Ya entiendo, la situación no es fácil de resolver. Chus ¿cómo habéis llegado hasta aquí? ¿Qué crees que ha podido ocurrir?

Porque, ¿qué es lo que necesita la tortuga de Chus, de su madre y de su padre?

CONTROL
Apoyo GUÍA CONSEJOS
SOLUCIONES AFIRMACIONES
Respuestas Preguntas Recetas
Adiestramiento ORDEN
Seguimiento INFORMACIÓN Discusión
DIRECCIÓN
ACOMPAÑAMIENTO AYUDA

Como decíamos, estos momentos de semáforo verde, son claves para su maduración, su crecimiento, que su tortuga se entrene, participe, se posicione, se motive. El mando a distancia necesita de estos momentos de energía.

El semáforo verde busca su autonomía, y si se le ayuda en exceso, fomentamos lo contrario, la dependencia. Por eso, cuanto más protagonismo adulto, más infantilismo, más dependencia de la tortuga.

Llega un momento evolutivo donde la liebre de nuestras hijas e hijos quiere empezar a escuchar a su tortuga, sabe que la necesita, que va a compartir el resto de su vida con ella, por lo que llevarse bien con su tortuga empieza a ser prioritario. Esto es inteligencia emocional.

Por eso, es muy importante dejar fluir el diálogo interno de nuestras hijas e hijos, respetar sus tiempos, ya que nuestras interferencias, nuestro excesivo protagonismo (mensajes que les hemos repetido mil veces), ralentizan su madurez y crecimiento.

TERCER ESCALÓN: LA SALIDA

Me alegro de hablar esto contigo. Confío en que las cosas pueden mejorar. Espero que lo que has decidido te funcione. Ya sabes, aquí me tienes cuando quieras. Ya me contarás.
Venga, voy a preparar la cena.
¿Qué te apetece cenar hoy?

Aquí aparecen cinco "subescalones", cinco ingredientes que deben conformar la salida. A tu criterio, con un orden flexible, con la porción necesaria de cada ingrediente.

Expresar tus emociones:

ME ALEGRO DE HABLAR ESTO CONTIGO. Confío en que las cosas pueden mejorar. Espero que lo que has decidido te funcione. Ya sabes, aquí me tienes cuando quieras. Ya me contarás.
Venga, voy a preparar la cena.
¿Qué te apetece cenar hoy?

Me alegro de hablar esto contigo.

Es importante:
1. Expresar también nuestras emociones. Tu hijo se ha abierto emocionalmente, te ha contado sus inquietudes. No está de más mostrar tu parte emocional también.
2. Mostrar a tu hijo que tu liebre está tranquila, contenta, le dará mayor seguridad para afrontar su próximo reto.

Mostrar confianza:

Me alegro de hablar esto contigo. CONFÍO EN QUE LAS COSAS PUEDEN MEJORAR. Espero que lo que has decidido te funcione. Ya sabes, aquí me tienes cuando quieras. Ya me contarás. Venga, voy a preparar la cena. ¿Qué te apetece cenar hoy?

Confío en que las cosas pueden mejorar.

Nuestros hijos necesitan de nuestra confianza. Es una de las claves para su autoestima, para percibirse competentes para afrontar sus conflictos, sus contextos. La confianza externa, si es creíble, genera "autoconfianza".

Respetar la decisión:

Me alegro de hablar esto contigo. Confío en que las cosas pueden mejorar. ESPERO QUE LO QUE HAS DECIDIDO TE FUNCIONE. Ya sabes, aquí me tienes cuando quieras. Ya me contarás.
Venga, voy a preparar la cena.
¿Qué te apetece cenar hoy?

Espero que lo que has decidido te funcione.

Otra gran herramienta del semáforo verde es el respeto. Te guste más, te guste menos, lo que decidan debe ser respetado. Es su conflicto, es su laboratorio de aprendizaje. Para fomentar su responsabilidad, para que asuman las consecuencias de sus decisiones, necesitan respirar respeto.

Disponibilidad incondicional:

Me alegro de hablar contigo. Confío en que las cosas pueden mejorar. Espero que lo que has decidido te funcione. YA SABES, AQUÍ ME TIENES CUANDO QUIERAS. YA ME CONTARÁS.
Venga, voy a preparar la cena.
¿Qué te apetece cenar hoy?

Ya sabes, aquí me tienes cuando quieras. Ya me contarás.

Sentirnos disponibles, que estamos ahí, cuando precisen ellos, no cuando queremos las personas adultas. Es fundamental alimentar la sensación de que con cualquier conflicto que tengan en sus vidas, pueden contar (o no) con nosotros.

¡¡Y la vida continúa!!

Me alegro de hablar contigo. Confío en que las cosas pueden mejorar. Espero que lo que has decidido te funcione. Ya sabes, aquí me tienes cuando quieras. Ya me contarás.
VENGA, VOY A PREPARAR LA CENA.
¿QUÉ TE APETECE CENAR HOY?

Venga, voy a preparar la cena. ¿Qué te apetece cenar hoy?

¡Y la vida continúa! Has llegado, me has contado un problema, lo he atendido, lo he entendido, te he ayudado a construir una respuesta, muestro confianza y respeto por tu decisión, y la vida continúa. Así es la vida, una secuencia de decisiones, de gestión de conflictos, de cambios. Normalizarlo es inteligente.

En resumen, el semáforo verde se debe aplicar cuando las personas adultas ya no controlan la situación y es la hija o hijo quien deben afrontar la situación con sus propios recursos. Aprovecha las innumerables situaciones que tienes en cada etapa evolutiva.

Por ejemplo cuando se van de excursión con el colegio:

Pásalo bien, qué suerte que vas a ver muchos animales, ya nos contarás, cariño.

Empoderar a nuestros hijos nace del buen manejo de nuestros miedos y preocupaciones.

Pues hasta aquí hemos llegado.
Nuestro deseo es que hayas disfrutado con la lectura de este libro,
que te haya hecho reflexionar, percibir que en todas las familias hay
fortalezas, pero también aspectos a mejorar.
En todo momento buscamos el cambio, ya que estamos convencidos de
que otra educación es posible, una educación amable con las emociones,
pero firme y coherente con nuestras decisiones.
No tenemos duda de que cada hogar que aplique estas herramientas,
suma para que este mundo sea más justo, solidario y pacífico.
¡A por ello!